Simplemente Ciencia

Espacio

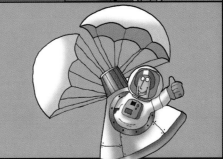

Steve Way y Gerry Bailey
Ilustraciones: Steve Boulter y Xact Studio

Gráficos: Karen Radford

everest

Simplemente Ciencia

Espacio

Contenidos

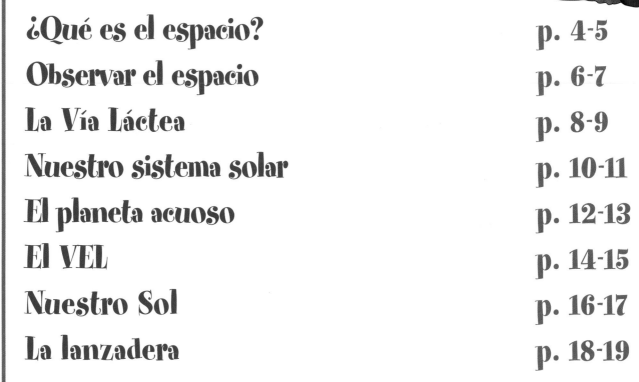

¿Qué es el espacio?

El lugar en el que estás forma parte del espacio. En muchas zonas del espacio hay multitud de rocas y polvo; en miles de lugares, inmensas masas de gas; por todas partes, formas de energía visible e invisible… pero lo que no hay es mucha gente.

Sabemos que contiene…

galaxias…

estrellas…

planetas…

lunas y meteoritos…

…y montones de trocitos de imaquinaria que hemos mandado allí arriba!

…pero aún nos queda mucho por saber.

Nuestra dirección

Vivimos en el universo…
en una galaxia llamada la Vía Láctea…
en nuestro sistema solar…
en un planeta…
llamado Tierra.

¿Dónde empieza el espacio?

Algunos científicos opinan que empieza en el borde de la atmósfera terrestre, pero en realidad el espacio no tiene bordes, solo se extiende en la lejanía.

Observar el espacio

Sabemos lo que hay en el espacio gracias a potentes telescopios situados por encima de la atmósfera terrestre.

Cualquier luz procedente de una estrella, un planeta o hasta de la Luna, debe atravesar la atmósfera, y esta siempre desvía un poco la luz. Por eso las imágenes de los telescopios situados en la Tierra son algo borrosas. Sin embargo, las de los telescopios espaciales son claras.

Un telescopio en órbita

1. Los astrónomos estaban descontentos con la falta de nitidez de las imágenes de sus telescopios.

2. Al científico Isaac Newton, en concreto, le enojaba. Quería imágenes más claras, pero, ¿cómo lograrlo? Necesitaba encontrar otro tipo de lentes o quizá poner un espejo para concentrar la luz en un punto.

3. Puso espejos para reflejar la luz, en vez de las lentes que la desviaban, pero eso no resolvió del todo el problema.

4. Con el paso del tiempo, los astrónomos incluyeron cada vez más mejoras y construyeron telescopios más grandes. Pero el problema seguía ahí.

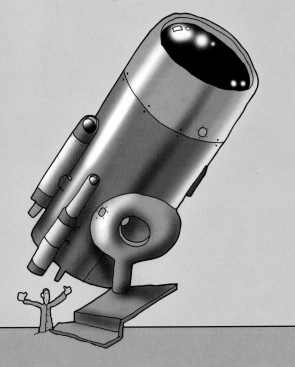

5. La solución era situar un telescopio en el espacio, y la invención de la lanzadera espacial lo hizo posible. El satélite se puso en órbita alrededor de la Tierra y los astrónomos consiguieron por fin fotos nítidas.

La Vía Láctea

A lo lejos, en todas direcciones, podemos ver galaxias de muy diferentes formas y tamaños. Esas galaxias son agrupaciones de millones o miles de millones de estrellas.

Vivimos en una galaxia, la Vía Láctea, que al igual que las otras se compone de estrellas, como nuestro Sol. La única razón de que los demás soles nos parezcan distintos al nuestro es que están muy, muy lejos.

Como la mayoría de las galaxias, la Vía Láctea tiene un disco central en el que podría haber algo asombroso llamado agujero negro. Estos agujeros parecen absorber todo lo que se acerca a ellos, ¡hasta la luz! ¡Qué miedo! Pero, no temas, ¡estamos lejísimos del centro de nuestra galaxia!

Espirales

Alrededor del disco central de la Vía Láctea giran varios brazos en espiral formados por millones de estrellas. La nuestra, el Sol, es una de las pocas alejadas de esas espirales, y es una suerte: ¡los seres vivos no pueden sobrevivir con la inmensa cantidad de energía que hay en ellas!

Dando vueltas por la Vía Láctea

Como las demás estrellas de la Vía Láctea, el Sol orbita alrededor del centro, y tarda nada menos que 225 millones de años en completar una órbita, ¡así que vamos a tardar un montón en volver a este sitio!

Los estudiosos del firmamento, llamados astrónomos, notaron desde la antigüedad que en el cielo nocturno había una banda luminosa. Esa banda se debe a que en el disco central de la Vía Láctea hay más concentración de estrellas.

Nuestro sistema solar

El sistema solar consiste en un grupo de planetas, satélites, cometas y asteroides que describen trayectorias circulares (órbitas) alrededor del Sol. Hay muchas otras estrellas con planetas, o sistemas planetarios, pero los astros del sistema solar son nuestros vecinos más cercanos.

Los planetas orbitan alrededor del Sol, y se mantienen en su órbita gracias a la gravedad, una fuerza que hace que los cuerpos se atraigan.

Cinturón de asteroides

Este cinturón se compone de polvo y grandes rocas (asteroides) que quizá formaron parte de un planeta.

Marte – Este seco planeta es mucho menor que la Tierra y su capa de atmósfera es muy fina. Cuando está más cerca de nosotros, es el cuerpo celeste más brillante, exceptuando al Sol, la Luna o Venus.

Tierra – ¡Nuestra casa! Aquí hay una atmósfera que ha permitido el desarrollo de la vida.

Venus – Su tamaño es muy similar al de la Tierra pero, por su ácida atmósfera, 90 veces más fina que la nuestra, allí no podríamos vivir.

Sol

Mercurio – Este es el menor de los cuatro planetas sólidos cercanos al Sol, aunque se cree que hace mucho fue más grande, y no tiene atmósfera.

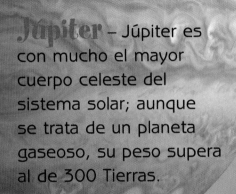

Júpiter – Júpiter es con mucho el mayor cuerpo celeste del sistema solar; aunque se trata de un planeta gaseoso, su peso supera al de 300 Tierras.

Urano – Urano orbita tan inclinado que en sus polos hay veranos e inviernos muy largos.

Neptuno – Como Urano, Neptuno se llama a veces "gigante de hielo" porque contiene tanto hielo como gas.

Saturno – Este es el mayor planeta después de Júpiter y tiene fama por los anillos que giran a su alrededor. En uno de sus satélites, Titán, segundo mayor del sistema solar, hay atmósfera, como en algunos planetas.

El cinturón de Kuiper – Este cinturón es un anillo muy ancho que rodea el sistema solar y está compuesto sobre todo por trozos de hielo, algunos inmensos.
Se cree que Plutón pertenece al cinturón de Kuiper, pero debido a su extraña órbita, a veces se acerca más al Sol que Neptuno.

El planeta acuoso

Los astronautas fueron los primeros en ver nuestro planeta desde el espacio. Y vieron el azul de los océanos, los verdes y los marrones de la tierra, las pinceladas blancas de las nubes: era una vista extraordinaria.

Hoy hay cientos de satélites que orbitan alrededor de la Tierra y envían fotos como la de enfrente.

Planeta acuoso

La Tierra es el tercer planeta desde el Sol y el único donde hay vida. La mayor parte de su superficie está cubierta de agua.

El Pacífico es el mayor océano. Otros de los grandes son el Índico y el Atlántico. Hay también enormes masas de agua terrestres, como los Grandes Lagos de Norteamérica o el mar Negro de Asia.

Hasta continentes como África y Australia son sólo inmensas islas. En el Polo Norte y el Polo Sur, el agua está congelada en los casquetes polares.

El VEL

VEL son las siglas del vehículo de exploración lunar diseñado para desplazarse por la Luna.

La Luna es el satélite de la Tierra, y el único aparte de esta que el hombre ha pisado. La Luna orbita la Tierra cada 27 días, 7 horas y 43 minutos.

Algunos científicos creen que la Luna es un trozo desgajado de la Tierra a causa del impacto de un gran meteorito, y otros dicen que nació de un anillo de polvo que rodeaba la Tierra.

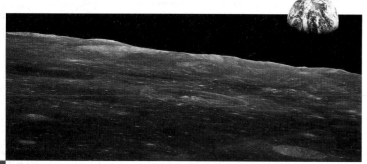

Un coche en la Luna

1. Cuando los astronautas caminaron por primera vez sobre la Luna, más que andar, rebotaban. Eso se debe a que la gravedad lunar, menor que la terrestre, dificulta los movimientos.

2. Además, los astronautas no podían irse a explorar tan lejos del módulo lunar como si hubiesen flotado.

3. Pero querían explorar, y para ello era preciso moverse. Al final se decidieron por un vehículo que no necesitaba oxígeno para el motor y que tenía ruedas fuertes y sin neumáticos. Era un todoterreno eléctrico de ruedas metálicas y resistentes.

4. Lo llamaron vehículo de exploración lunar. ¡Y les fue de maravilla!

Nuestro Sol

Nuestro Sol es un tipo de estrella. En realidad, del tipo de las que vemos de noche. La única razón de que parezca más grande es que está más cerca de nosotros (¡aunque 150 millones de kilómetros no es ninguna tontería!). Vemos las estrellas como puntitos de luz porque están muy, muy lejos de la Tierra.

Hay estrellas de distinto tamaño. Algunas son mucho mayores que el Sol, pero la mayoría son algo menores. Las estrellas se componen de gases, sobre todo de hidrógeno y helio, y son tan grandes y están tan calientes que sus partículas de hidrógeno se mueven sin parar, chocando entre sí y provocando explosiones que liberan gran cantidad de energía. Esta energía es visible en la luz que nos ilumina de día y ayuda a crecer a las plantas.

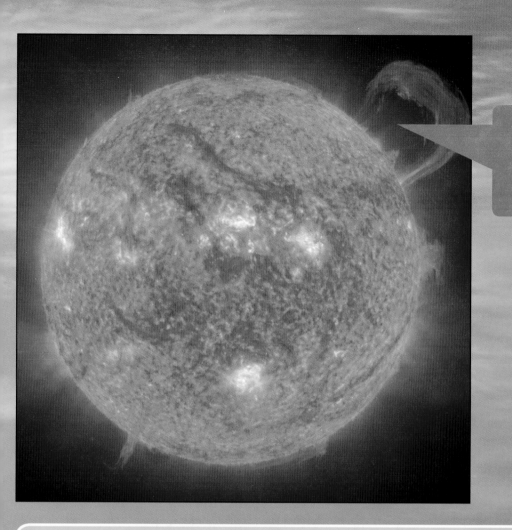

¡Nuestro Sol es más de un millón de veces mayor que la Tierra!

CUIDADO

No olvides nunca que mirar directamente al Sol es peligroso, y aún lo es más mirarlo con prismáticos, también llamados binoculares en Hispanoamérica.

La lanzadera

La lanzadera espacial es una astronave reutilizable.

La lanzadera despega como un cohete, pero el transbordador que transporta aterriza como un avión.

¡Hay que reciclar!

Una astronave reciclable

1. Los científicos vieron que enviar al espacio cohetes de tres fases con cápsulas en la parte superior salía carísimo.

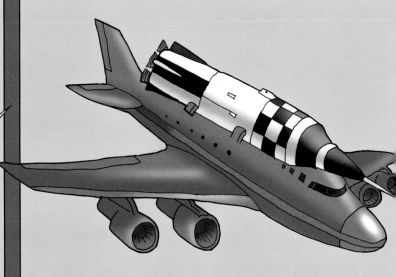

2. Necesitaban encontrar el modo de usar una y otra vez la misma nave.

3. Querían enviarla al espacio, junto con las toneladas de combustible de su gigantesco depósito, de algún modo que permitiera reutilizarla.

El transbordador

El transbordador es el avión que transporta la lanzadera. Descansa sobre un enorme tanque de combustible a cuyos lados se encuentran los cohetes propulsores. Lleva unos motores que le ayudan a viajar por el espacio.

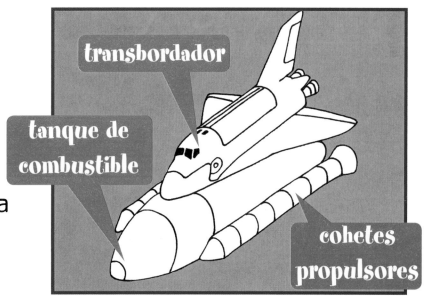

transbordador

tanque de combustible

cohetes propulsores

4. Es decir, debía tener alas para aterrizar cuando volviera. Y debía llevar un escudo antitérmico que la protegiera del terrible calor del reingreso en la atmósfera.

5. Científicos de EE. UU. idearon un tanque de combustible con cohetes (lanzadera) que transportaría un avión (transbordador).

6. Después añadieron placas de cerámica al avión para proteger a los pasajeros en el reingreso.

El traje espacial

El traje que visten los astronautas para salir al espacio tiene dos capas.

La capa externa protege de las partículas y la radiación; la interna aísla del frío y del calor.

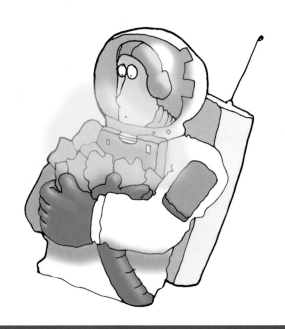

El diseño de un traje espacial

1. Aunque en el espacio no hay atmósfera, hace mucho frío y mucho calor. Los astronautas necesitaban un traje que los aislara de esas temperaturas extremas.

2. Y un casco que los protegiera de la fuerte luz y los dañinos rayos del Sol.

Respirar en el espacio

En el espacio sideral no hay oxígeno, así que los astronautas llevan una mochila que se lo suministra y elimina el dióxido de carbono y la humedad del interior del traje. Con ese equipo, pueden sobrevivir más de ocho horas.

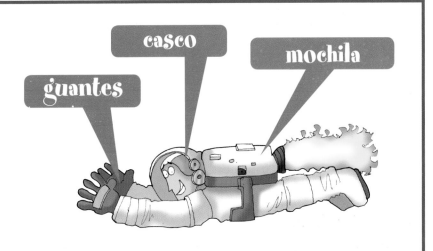

guantes

casco

mochila

3. Los pilotos de aviones de reacción tenían ya un traje para volar a gran altura; conservaba el calor, pero eso no bastaba.

4. El traje espacial debía resguardar además de las partículas del espacio.

5. Así que se creó un traje de dos capas con sistemas de calefacción y refrigeración, y que aislaba de la radiación y las partículas.

El cohete

Un cohete es una máquina que funciona con gases que explotan, para lo que se mezclan sustancias químicas con oxígeno.

Cuando el gas se calienta se expande muy deprisa, y ello provoca una tremenda fuerza que empuja el cohete hacia arriba y hacia delante. El primer cohete fue inventado por los chinos hace unos mil años.

3. Sus primeros cohetes subían poco, porque eran grandes y pesados. Pero si EE. UU. quería enviar un hombre a la Luna, había que inventar algo más potente.

El gas que arde empuja hacia fuera en todas direcciones. El de un cohete sale en parte por detrás, pero otra parte lo empuja hacia delante.

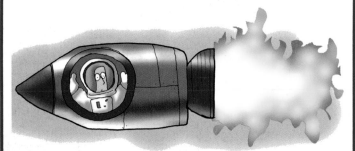

Un cohete que lleva a caballito

1. Científicos de muchos países habían intentado hacer un cohete para viajar al espacio.

2. En la Segunda Guerra Mundial unos científicos alemanes idearon el V2, y después de la guerra muchos de ellos siguieron investigando en EE. UU.

4. Entonces un científico ruso sugirió que un cohete con varias secciones funcionaría mejor.

5. Tenía razón, así que EE. UU. construyó cohetes de varias fases, cada una con motor y combustible propios. Cuando el combustible se agotaba, la fase se separaba, aligerando y acelerando el resto.

Una cabina espacial diminuta

1. En el espacio no se está bien. No hay oxígeno para respirar y cuanto más subes, más frío hace. ¿Cómo dar comodidades al astronauta?

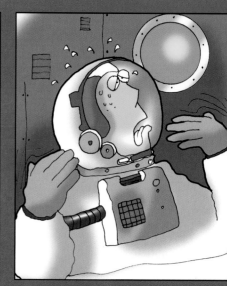

2. Podría llevar un azafato, como tú en un avión, ¡pero iban a estar muy apretujados!

3. Era mejor poner una especie de cabina sobre la última fase, una cápsula con paracaídas para frenarla al volver.

4. Otros peligros de los vuelos espaciales es la potencia que se necesita para el despegue, y la velocidad y el calor al reingresar en la atmósfera. ¡Y la caída final!

5. Así que se construyó una cápsula cónica con la cabina interna bien protegida. La cápsula se desprendía de la tercera fase del cohete, y al volver a casa podía acabar su largo viaje con paracaídas.

La cápsula

Una cápsula espacial es un pequeño vehículo con una presión atmosférica constante que se apoya sobre un cohete de varias fases. Los astronautas y los animales espaciales han viajado en ella.

Cuando el cohete alcanza la velocidad y la altura debidas, la cápsula se desprende y se queda orbitando alrededor de la Tierra o lleva a la tripulación hasta su destino.

Una vez cumplida la misión, la cápsula reingresa en la atmósfera terrestre, momento en que el escudo térmico la protege del calor. Por último, los paracaídas se abren y cae sin peligro sobre el mar o en tierra firme.

Investigación

Cuando los astrónomos exploran el espacio, quieren averiguar muchas cosas. ¿Qué tipos de estrellas hay? ¿Cómo se forman los planetas? ¿Hay cosas ahí fuera que no podemos ver? ¿Habrá vida en otros mundos?

¿Hay vida en la Luna?

Los científicos se han preguntado durante siglos si habría vida en nuestro satélite, pero los astronautas comprobaron que allí no había nada, ¡ni el más diminuto organismo!

Sondar el espacio

Las sondas espaciales son astronaves sin tripulación que exploran otros planetas y satélites de nuestro sistema solar, aunque se ha enviado alguna al espacio profundo. Quizá con ellas podamos estudiar los agujeros negros o las inmensas nubes de gas llamadas nebulosas.

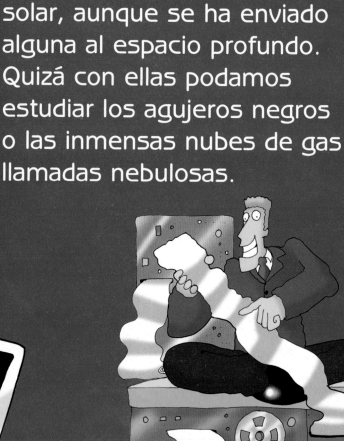

Mariner y Phoenix

Con los datos y fotos que enviaron desde Marte las sondas Mariner, se demostró que el planeta tuvo hace mucho una atmósfera similar a la nuestra. La Phoenix, más reciente, ha confirmado la existencia de agua.

Voyager

Quizá algún día la sonda Voyager encuentre otros seres mientras navega por el espacio profundo. Lleva a bordo fotos de humanos. Quizá tope con extraterrestres o los extraterrestres topen con ella, ¡y contacten con nosotros! ¿Quién sabe?

La Voyager nos envía sorprendentes fotos de su viaje, como estas de una tormenta en Neptuno, y de una de sus lunas, Tritón.

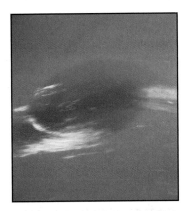

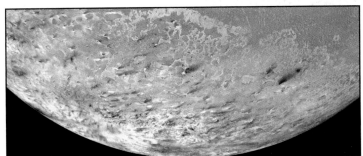

Satélites artificiales

Un satélite artificial es un vehículo tripulado o no que se coloca en órbita alrededor de la Tierra.

Lleva aparatos para recoger información, fotos incluidas, y enviárnosla.

Un satélite que recoge información

1. Hacía mucho que se quería poner un satélite en órbita, porque proporcionaría información valiosa sobre nuestro planeta y otros astros. Pero, ¿cómo sostenerlo allá arriba?

2. Solo podía lanzarse con un cohete, y un cohete lo bastante potente para cargar con el equipo.

Sputnik 1

El primer satélite artificial se puso en órbita el 4 de octubre de 1957. El Sputnik 1 describía una órbita cada 96 minutos, y fue el primer vehículo que salió al espacio. Desde entonces se han enviado miles de satélites con distintas misiones.

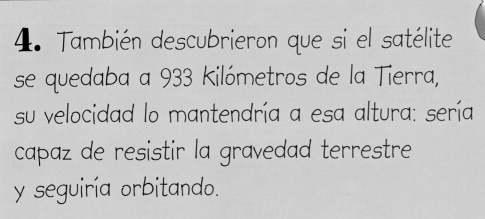

3. Los científicos rusos inventaron un sistema similar a una radio para que transmitiera la información.

4. También descubrieron que si el satélite se quedaba a 933 kilómetros de la Tierra, su velocidad lo mantendría a esa altura: sería capaz de resistir la gravedad terrestre y seguiría orbitando.

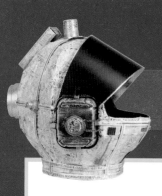

Prueba espacial

1. ¿Qué es la Vía Láctea?

_____

2. ¿Cuál es el planeta más grande del sistema solar?

_____

3. ¿Cuál es el mayor océano de la Tierra?

_____

4. ¿De qué dos gases se componen principalmente las estrellas como el Sol?

_____

5. ¿Cuántas capas tiene el traje espacial?

_____

6. ¿En qué país se inventaron los cohetes hace mil años?

_____

7. ¿Cómo se llamaba el primer satélite que se puso en órbita?

_____

8. ¿Qué sonda ha enviado fotos de Neptuno?

_____

9. ¿Qué ayuda a desacelerar una cápsula cuando cae a la Tierra?

_____

10. ¿Qué es un VEL?

8. Voyager 9. Un paracaídas 10. Es un vehículo de exploración lunar
1. Una galaxia 2. Júpiter 3. Pacífico 4. De hidrógeno y helio 5. Dos 6. En China 7. Sputnik I

Índice

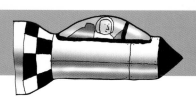

SEP 0 9 2013